www.ingramcontent.com/pod-product-compliance
Lightning Source LLC
LaVergne TN
LVHW060135080526
838202LV00050B/4125
* 9 7 8 3 2 2 4 4 7 1 4 8 1 *

The Holy Qur'an for Kids

Juz 'Amma

Amma for School Children - Part 30

اٰيَاتُهَا ٤٠ (٧٨) سُوْرَةُ النَّبَاِ مَكِّيَّةٌ (٨٠) رُكُوْعَاتُهَا ٢

بِسْمِ اللّٰهِ الرَّحْمٰنِ الرَّحِيْمِ

عَمَّ يَتَسَآءَلُوْنَ ۝١ عَنِ النَّبَاِ الْعَظِيْمِ ۝٢ الَّذِيْ هُمْ فِيْهِ
مُخْتَلِفُوْنَ ۝٣ كَلَّا سَيَعْلَمُوْنَ ۝٤ ثُمَّ كَلَّا سَيَعْلَمُوْنَ ۝٥ اَلَمْ نَجْعَلِ
الْاَرْضَ مِهٰدًا ۝٦ وَّالْجِبَالَ اَوْتَادًا ۝٧ وَّخَلَقْنٰكُمْ اَزْوَاجًا ۝٨
وَّجَعَلْنَا نَوْمَكُمْ سُبَاتًا ۝٩ وَّجَعَلْنَا الَّيْلَ لِبَاسًا ۝١٠ وَّجَعَلْنَا
النَّهَارَ مَعَاشًا ۝١١ وَّبَنَيْنَا فَوْقَكُمْ سَبْعًا شِدَادًا ۝١٢ وَّجَعَلْنَا
سِرَاجًا وَّهَّاجًا ۝١٣ وَّاَنْزَلْنَا مِنَ الْمُعْصِرٰتِ مَآءً ثَجَّاجًا ۝١٤
لِّنُخْرِجَ بِهٖ حَبًّا وَّنَبَاتًا ۝١٥ وَّجَنّٰتٍ اَلْفَافًا ۝١٦ اِنَّ يَوْمَ الْفَصْلِ
كَانَ مِيْقَاتًا ۝١٧ يَّوْمَ يُنْفَخُ فِي الصُّوْرِ فَتَاْتُوْنَ اَفْوَاجًا ۝١٨ وَّ
فُتِحَتِ السَّمَآءُ فَكَانَتْ اَبْوَابًا ۝١٩ وَّسُيِّرَتِ الْجِبَالُ فَكَانَتْ
سَرَابًا ۝٢٠ اِنَّ جَهَنَّمَ كَانَتْ مِرْصَادًا ۝٢١ لِّلطّٰغِيْنَ مَاٰبًا ۝٢٢
لّٰبِثِيْنَ فِيْهَآ اَحْقَابًا ۝٢٣ لَا يَذُوْقُوْنَ فِيْهَا بَرْدًا وَّلَا شَرَابًا ۝٢٤

إِلَّا حَمِيمًا وَغَسَّاقًا ﴿٢٥﴾ جَزَآءً وِفَاقًا ﴿٢٦﴾ إِنَّهُمْ كَانُوا لَا يَرْجُونَ
حِسَابًا ﴿٢٧﴾ وَكَذَّبُوا بِآيٰتِنَا كِذَّابًا ﴿٢٨﴾ وَكُلَّ شَيْءٍ أَحْصَيْنٰهُ
كِتٰبًا ﴿٢٩﴾ فَذُوقُوا فَلَنْ نَزِيدَكُمْ إِلَّا عَذَابًا ﴿٣٠﴾ إِنَّ لِلْمُتَّقِينَ ع ٣
مَفَازًا ﴿٣١﴾ حَدَآئِقَ وَأَعْنَابًا ﴿٣٢﴾ وَكَوَاعِبَ أَتْرَابًا ﴿٣٣﴾ وَكَأْسًا
دِهَاقًا ﴿٣٤﴾ لَا يَسْمَعُونَ فِيهَا لَغْوًا وَلَا كِذّٰبًا ﴿٣٥﴾ جَزَآءً مِنْ رَبِّكَ عَطَآءً
حِسَابًا ﴿٣٦﴾ رَبِّ السَّمٰوٰتِ وَالْأَرْضِ وَمَا بَيْنَهُمَا الرَّحْمٰنِ لَا يَمْلِكُونَ
مِنْهُ خِطَابًا ﴿٣٧﴾ يَوْمَ يَقُومُ الرُّوحُ وَالْمَلٰٓئِكَةُ صَفًّا لَا يَتَكَلَّمُونَ
إِلَّا مَنْ أَذِنَ لَهُ الرَّحْمٰنُ وَقَالَ صَوَابًا ﴿٣٨﴾ ذٰلِكَ الْيَوْمُ الْحَقُّ فَمَنْ
شَآءَ اتَّخَذَ إِلٰى رَبِّهِ مَاٰبًا ﴿٣٩﴾ إِنَّآ أَنْذَرْنٰكُمْ عَذَابًا قَرِيبًا يَوْمَ يَنْظُرُ
الْمَرْءُ مَا قَدَّمَتْ يَدٰهُ وَيَقُولُ الْكٰفِرُ يٰلَيْتَنِي كُنْتُ تُرٰبًا ﴿٤٠﴾ ع ٢

آياتها ٤٦ | (٧٩) سُورَةُ النّٰزِعٰتِ مَكِّيَّةٌ (٨١) | ركوعاتها ٢

بِسْمِ اللّٰهِ الرَّحْمٰنِ الرَّحِيمِ

وَالنّٰزِعٰتِ غَرْقًا ﴿١﴾ وَالنّٰشِطٰتِ نَشْطًا ﴿٢﴾ وَالسّٰبِحٰتِ

سَبْحًا ۝۳ فَالسّٰبِقٰتِ سَبْقًا ۝۴ فَالْمُدَبِّرٰتِ اَمْرًا ۝۵ يَوْمَ وقف لازم
تَرْجُفُ الرَّاجِفَةُ ۝۶ تَتْبَعُهَا الرَّادِفَةُ ۝۷ قُلُوْبٌ
يَّوْمَىِٕذٍ وَّاجِفَةٌ ۝۸ اَبْصَارُهَا خَاشِعَةٌ ۝۹ يَقُوْلُوْنَ وقف لازم
ءَاِنَّا لَمَرْدُوْدُوْنَ فِى الْحَافِرَةِ ۝۱۰ ءَاِذَا كُنَّا عِظَامًا نَّخِرَةً ۝۱۱
قَالُوْا تِلْكَ اِذًا كَرَّةٌ خَاسِرَةٌ ۝۱۲ فَاِنَّمَا هِىَ زَجْرَةٌ وَّاحِدَةٌ ۝۱۳ وقف لازم
فَاِذَا هُمْ بِالسَّاهِرَةِ ۝۱۴ هَلْ اَتٰىكَ حَدِيْثُ مُوْسٰى ۝۱۵ وقف لازم
اِذْ نَادٰىهُ رَبُّهٗ بِالْوَادِ الْمُقَدَّسِ طُوًى ۝۱۶ اِذْهَبْ اِلٰى
فِرْعَوْنَ اِنَّهٗ طَغٰى ۝۱۷ فَقُلْ هَلْ لَّكَ اِلٰٓى اَنْ تَزَكّٰى ۝۱۸
وَاَهْدِيَكَ اِلٰى رَبِّكَ فَتَخْشٰى ۝۱۹ فَاَرٰىهُ الْاٰيَةَ الْكُبْرٰى ۝۲۰
فَكَذَّبَ وَعَصٰى ۝۲۱ ثُمَّ اَدْبَرَ يَسْعٰى ۝۲۲ فَحَشَرَ فَنَادٰى ۝۲۳
فَقَالَ اَنَا رَبُّكُمُ الْاَعْلٰى ۝۲۴ فَاَخَذَهُ اللّٰهُ نَكَالَ الْاٰخِرَةِ
وَالْاُوْلٰى ۝۲۵ اِنَّ فِىْ ذٰلِكَ لَعِبْرَةً لِّمَنْ يَّخْشٰى ۝۲۶ ع ۲
ءَاَنْتُمْ اَشَدُّ خَلْقًا اَمِ السَّمَآءُ ؕ بَنٰىهَا ۝۲۷ رَفَعَ سَمْكَهَا

فَسَوّٰىهَا ﴿٢٨﴾ وَاَغْطَشَ لَيْلَهَا وَاَخْرَجَ ضُحٰىهَا ﴿٢٩﴾ وَالْاَرْضَ بَعْدَ
ذٰلِكَ دَحٰىهَا ﴿٣٠﴾ اَخْرَجَ مِنْهَا مَآءَهَا وَمَرْعٰىهَا ﴿٣١﴾ وَالْجِبَالَ
اَرْسٰىهَا ﴿٣٢﴾ مَتَاعًا لَّكُمْ وَلِاَنْعَامِكُمْ ﴿٣٣﴾ فَاِذَا جَآءَتِ الطَّآمَّةُ
الْكُبْرٰى ﴿٣٤﴾ يَوْمَ يَتَذَكَّرُ الْاِنْسَانُ مَا سَعٰى ﴿٣٥﴾ وَبُرِّزَتِ الْجَحِيْمُ
لِمَنْ يَّرٰى ﴿٣٦﴾ فَاَمَّا مَنْ طَغٰى ﴿٣٧﴾ وَاٰثَرَ الْحَيٰوةَ الدُّنْيَا ﴿٣٨﴾ فَاِنَّ
الْجَحِيْمَ هِيَ الْمَاْوٰى ﴿٣٩﴾ وَاَمَّا مَنْ خَافَ مَقَامَ رَبِّهٖ وَنَهَى
النَّفْسَ عَنِ الْهَوٰى ﴿٤٠﴾ فَاِنَّ الْجَنَّةَ هِيَ الْمَاْوٰى ﴿٤١﴾ يَسْـَٔلُوْنَكَ
عَنِ السَّاعَةِ اَيَّانَ مُرْسٰىهَا ﴿٤٢﴾ فِيْمَ اَنْتَ مِنْ ذِكْرٰىهَا ﴿٤٣﴾
اِلٰى رَبِّكَ مُنْتَهٰىهَا ﴿٤٤﴾ اِنَّمَآ اَنْتَ مُنْذِرُ مَنْ يَّخْشٰىهَا ﴿٤٥﴾ احتیاط
كَاَنَّهُمْ يَوْمَ يَرَوْنَهَا لَمْ يَلْبَثُوْٓا اِلَّا عَشِيَّةً اَوْ ضُحٰىهَا ﴿٤٦﴾ ع ٢ ٢

اٰيَاتُهَا ٤٢ (٨٠) سُوْرَةُ عَبَسَ مَكِّيَّةٌ (٢٤) رُكُوْعُهَا ١

بِسْمِ اللّٰهِ الرَّحْمٰنِ الرَّحِيْمِ

عَبَسَ وَتَوَلّٰىٓ ﴿١﴾ اَنْ جَآءَهُ الْاَعْمٰى ﴿٢﴾ وَمَا يُدْرِيْكَ لَعَلَّهٗ

يَزَّكّٰىٓ ﴿٣﴾ اَوْ يَذَّكَّرُ فَتَنْفَعَهُ الذِّكْرٰى ﴿٤﴾ اَمَّا مَنِ اسْتَغْنٰى ﴿٥﴾
فَاَنْتَ لَهٗ تَصَدّٰى ﴿٦﴾ وَمَا عَلَيْكَ اَلَّا يَزَّكّٰى ﴿٧﴾ وَاَمَّا مَنْ جَآءَكَ
يَسْعٰى ﴿٨﴾ وَهُوَ يَخْشٰى ﴿٩﴾ فَاَنْتَ عَنْهُ تَلَهّٰى ﴿١٠﴾ كَلَّآ اِنَّهَا
تَذْكِرَةٌ ﴿١١﴾ فَمَنْ شَآءَ ذَكَرَهٗ ﴿١٢﴾ فِيْ صُحُفٍ مُّكَرَّمَةٍ ﴿١٣﴾ مَّرْفُوْعَةٍ
مُّطَهَّرَةٍ ﴿١٤﴾ بِاَيْدِيْ سَفَرَةٍ ﴿١٥﴾ كِرَامٍ بَرَرَةٍ ﴿١٦﴾ قُتِلَ الْاِنْسَانُ
مَآ اَكْفَرَهٗ ﴿١٧﴾ مِنْ اَيِّ شَيْءٍ خَلَقَهٗ ﴿١٨﴾ مِنْ نُّطْفَةٍ
خَلَقَهٗ فَقَدَّرَهٗ ﴿١٩﴾ ثُمَّ السَّبِيْلَ يَسَّرَهٗ ﴿٢٠﴾ ثُمَّ اَمَاتَهٗ فَاَقْبَرَهٗ ﴿٢١﴾
ثُمَّ اِذَا شَآءَ اَنْشَرَهٗ ﴿٢٢﴾ كَلَّا لَمَّا يَقْضِ مَآ اَمَرَهٗ ﴿٢٣﴾ فَلْيَنْظُرِ
الْاِنْسَانُ اِلٰى طَعَامِهٖ ﴿٢٤﴾ اَنَّا صَبَبْنَا الْمَآءَ صَبًّا ﴿٢٥﴾ ثُمَّ شَقَقْنَا
الْاَرْضَ شَقًّا ﴿٢٦﴾ فَاَنْۢبَتْنَا فِيْهَا حَبًّا ﴿٢٧﴾ وَّعِنَبًا وَّقَضْبًا ﴿٢٨﴾
وَّزَيْتُوْنًا وَّنَخْلًا ﴿٢٩﴾ وَّحَدَآئِقَ غُلْبًا ﴿٣٠﴾ وَّفَاكِهَةً وَّاَبًّا ﴿٣١﴾
مَّتَاعًا لَّكُمْ وَلِاَنْعَامِكُمْ ﴿٣٢﴾ فَاِذَا جَآءَتِ الصَّآخَّةُ ﴿٣٣﴾
يَوْمَ يَفِرُّ الْمَرْءُ مِنْ اَخِيْهِ ﴿٣٤﴾ وَاُمِّهٖ وَاَبِيْهِ ﴿٣٥﴾ وَصَاحِبَتِهٖ

وقف لازم

وَبَنِيْهِ ﴿٣٦﴾ لِكُلِّ امْرِئٍ مِّنْهُمْ يَوْمَئِذٍ شَاْنٌ يُّغْنِيْهِ ﴿٣٧﴾

وُجُوْهٌ يَّوْمَئِذٍ مُّسْفِرَةٌ ﴿٣٨﴾ ضَاحِكَةٌ مُّسْتَبْشِرَةٌ ﴿٣٩﴾

وَوُجُوْهٌ يَّوْمَئِذٍ عَلَيْهَا غَبَرَةٌ ﴿٤٠﴾ تَرْهَقُهَا قَتَرَةٌ ﴿٤١﴾

اُولٰٓئِكَ هُمُ الْكَفَرَةُ الْفَجَرَةُ ﴿٤٢﴾ ع ۱ ۴۲ ۵

اٰيَاتُهَا ٢٩ (٨١) سُوْرَةُ التَّكْوِيْرِ مَكِّيَّةٌ (٧) رُكُوْعُهَا ١

بِسْمِ اللّٰهِ الرَّحْمٰنِ الرَّحِيْمِ

اِذَا الشَّمْسُ كُوِّرَتْ ﴿١﴾ وَاِذَا النُّجُوْمُ انْكَدَرَتْ ﴿٢﴾ وَاِذَا الْجِبَالُ

سُيِّرَتْ ﴿٣﴾ وَاِذَا الْعِشَارُ عُطِّلَتْ ﴿٤﴾ وَاِذَا الْوُحُوْشُ حُشِرَتْ ﴿٥﴾

وَاِذَا الْبِحَارُ سُجِّرَتْ ﴿٦﴾ وَاِذَا النُّفُوْسُ زُوِّجَتْ ﴿٧﴾ وَاِذَا

الْمَوْءٗدَةُ سُئِلَتْ ﴿٨﴾ بِاَيِّ ذَنْبٍ قُتِلَتْ ﴿٩﴾ وَاِذَا الصُّحُفُ

نُشِرَتْ ﴿١٠﴾ وَاِذَا السَّمَآءُ كُشِطَتْ ﴿١١﴾ وَاِذَا الْجَحِيْمُ سُعِّرَتْ ﴿١٢﴾

وَاِذَا الْجَنَّةُ اُزْلِفَتْ ﴿١٣﴾ عَلِمَتْ نَفْسٌ مَّآ اَحْضَرَتْ ﴿١٤﴾ فَلَآ

اُقْسِمُ بِالْخُنَّسِ ﴿١٥﴾ الْجَوَارِ الْكُنَّسِ ﴿١٦﴾ وَالَّيْلِ اِذَا عَسْعَسَ ﴿١٧﴾

والصبح اذا تنفس ﴿١٨﴾ انه لقول رسول كريم ﴿١٩﴾ ذي
قوة عند ذي العرش مكين ﴿٢٠﴾ مطاع ثم امين ﴿٢١﴾
وما صاحبكم بمجنون ﴿٢٢﴾ ولقد راه بالافق المبين ﴿٢٣﴾
وما هو على الغيب بضنين ﴿٢٤﴾ وما هو بقول شيطن
رجيم ﴿٢٥﴾ فاين تذهبون ﴿٢٦﴾ ان هو الا ذكر للعلمين ﴿٢٧﴾
لمن شاء منكم ان يستقيم ﴿٢٨﴾ وما تشاءون الا
ع ١ / ٢٩ / ٦ ان يشاء الله رب العلمين ﴿٢٩﴾

اياتها ١٩ ‏ (٨٢) سورة الانفطار مكية (٨٢) ‏ ركوعها ١

بسم الله الرحمن الرحيم

اذا السماء انفطرت ﴿١﴾ واذا الكواكب انتثرت ﴿٢﴾ واذا البحار
فجرت ﴿٣﴾ واذا القبور بعثرت ﴿٤﴾ علمت نفس ما قدمت
واخرت ﴿٥﴾ يايها الانسان ما غرك بربك الكريم ﴿٦﴾
الذي خلقك فسوىك فعدلك ﴿٧﴾ في اي صورة ما شاء

رَكَّبَكَ ﴿٨﴾ كَلَّا بَلْ تُكَذِّبُوْنَ بِالدِّيْنِ ﴿٩﴾ وَاِنَّ عَلَيْكُمْ
لَحٰفِظِيْنَ ﴿١٠﴾ كِرَامًا كَاتِبِيْنَ ﴿١١﴾ يَعْلَمُوْنَ مَا تَفْعَلُوْنَ ﴿١٢﴾
اِنَّ الْاَبْرَارَ لَفِيْ نَعِيْمٍ ﴿١٣﴾ وَّاِنَّ الْفُجَّارَ لَفِيْ جَحِيْمٍ ﴿١٤﴾
يَّصْلَوْنَهَا يَوْمَ الدِّيْنِ ﴿١٥﴾ وَمَا هُمْ عَنْهَا بِغَآئِبِيْنَ ﴿١٦﴾ وَمَآ
اَدْرٰىكَ مَا يَوْمُ الدِّيْنِ ﴿١٧﴾ ثُمَّ مَآ اَدْرٰىكَ مَا يَوْمُ الدِّيْنِ ﴿١٨﴾
يَوْمَ لَا تَمْلِكُ نَفْسٌ لِّنَفْسٍ شَيْـًٔا ؕ وَالْاَمْرُ يَوْمَئِذٍ لِّلّٰهِ ﴿١٩﴾ ع ١٩

اٰيَاتُهَا ٣٦ (٨٣) سُوْرَةُ الْمُطَفِّفِيْنَ مَكِّيَّةٌ (٨٦) رُكُوْعُهَا ١

بِسْمِ اللّٰهِ الرَّحْمٰنِ الرَّحِيْمِ

وَيْلٌ لِّلْمُطَفِّفِيْنَ ﴿١﴾ الَّذِيْنَ اِذَا اكْتَالُوْا عَلَى النَّاسِ
يَسْتَوْفُوْنَ ﴿٢﴾ وَاِذَا كَالُوْهُمْ اَوْ وَّزَنُوْهُمْ يُخْسِرُوْنَ ﴿٣﴾
اَلَا يَظُنُّ اُولٰٓئِكَ اَنَّهُمْ مَّبْعُوْثُوْنَ ﴿٤﴾ لِيَوْمٍ عَظِيْمٍ ﴿٥﴾
يَّوْمَ يَقُوْمُ النَّاسُ لِرَبِّ الْعٰلَمِيْنَ ﴿٦﴾ كَلَّآ اِنَّ كِتٰبَ
الْفُجَّارِ لَفِيْ سِجِّيْنٍ ﴿٧﴾ وَمَآ اَدْرٰىكَ مَا سِجِّيْنٌ ﴿٨﴾ كِتٰبٌ

مَّرْقُوْمٌ ﴿٩﴾ وَيْلٌ يَّوْمَئِذٍ لِّلْمُكَذِّبِيْنَ ﴿١٠﴾ الَّذِيْنَ يُكَذِّبُوْنَ بِيَوْمِ
الدِّيْنِ ﴿١١﴾ وَمَا يُكَذِّبُ بِهٖٓ اِلَّا كُلُّ مُعْتَدٍ اَثِيْمٍ ﴿١٢﴾ اِذَا تُتْلٰى
عَلَيْهِ اٰيٰتُنَا قَالَ اَسَاطِيْرُ الْاَوَّلِيْنَ ﴿١٣﴾ كَلَّا بَلْ سكتة رَانَ
عَلٰى قُلُوْبِهِمْ مَّا كَانُوْا يَكْسِبُوْنَ ﴿١٤﴾ كَلَّآ اِنَّهُمْ عَنْ رَّبِّهِمْ
يَوْمَئِذٍ لَّمَحْجُوْبُوْنَ ﴿١٥﴾ ثُمَّ اِنَّهُمْ لَصَالُوا الْجَحِيْمِ ﴿١٦﴾ ثُمَّ
يُقَالُ هٰذَا الَّذِيْ كُنْتُمْ بِهٖ تُكَذِّبُوْنَ ﴿١٧﴾ كَلَّآ اِنَّ كِتٰبَ
الْاَبْرَارِ لَفِيْ عِلِّيِّيْنَ ﴿١٨﴾ وَمَآ اَدْرٰىكَ مَا عِلِّيُّوْنَ ﴿١٩﴾ كِتٰبٌ
مَّرْقُوْمٌ ﴿٢٠﴾ يَّشْهَدُهُ الْمُقَرَّبُوْنَ ﴿٢١﴾ اِنَّ الْاَبْرَارَ لَفِيْ نَعِيْمٍ ﴿٢٢﴾
عَلَى الْاَرَآئِكِ يَنْظُرُوْنَ ﴿٢٣﴾ تَعْرِفُ فِيْ وُجُوْهِهِمْ نَضْرَةَ
النَّعِيْمِ ﴿٢٤﴾ يُسْقَوْنَ مِنْ رَّحِيْقٍ مَّخْتُوْمٍ ﴿٢٥﴾ خِتٰمُهٗ مِسْكٌ وَفِيْ
ذٰلِكَ فَلْيَتَنَافَسِ الْمُتَنَافِسُوْنَ ﴿٢٦﴾ وَمِزَاجُهٗ مِنْ تَسْنِيْمٍ ﴿٢٧﴾
عَيْنًا يَّشْرَبُ بِهَا الْمُقَرَّبُوْنَ ﴿٢٨﴾ اِنَّ الَّذِيْنَ اَجْرَمُوْا كَانُوْا مِنَ
الَّذِيْنَ اٰمَنُوْا يَضْحَكُوْنَ ﴿٢٩﴾ وَاِذَا مَرُّوْا بِهِمْ يَتَغَامَزُوْنَ ﴿٣٠﴾

وَإِذَا انْقَلَبُوْٓا إِلٰٓى أَهْلِهِمُ انْقَلَبُوْا فَكِهِيْنَ ﴿٣١﴾ وَإِذَا رَأَوْهُمْ قَالُوْٓا
إِنَّ هٰٓؤُلَآءِ لَضَآلُّوْنَ ﴿٣٢﴾ وَمَآ أُرْسِلُوْا عَلَيْهِمْ حٰفِظِيْنَ ﴿٣٣﴾ فَالْيَوْمَ
الَّذِيْنَ اٰمَنُوْا مِنَ الْكُفَّارِ يَضْحَكُوْنَ ﴿٣٤﴾ عَلَى الْأَرَآئِكِ
يَنْظُرُوْنَ ﴿٣٥﴾ هَلْ ثُوِّبَ الْكُفَّارُ مَا كَانُوْا يَفْعَلُوْنَ ﴿٣٦﴾ ع ٣٦ / ٨

آیاتها ٢٥ (٨٤) سُوْرَةُ الْاِنْشِقَاقِ مَكِّيَّةٌ (٨٣) رکوعها ١

بِسْمِ اللّٰهِ الرَّحْمٰنِ الرَّحِيْمِ

إِذَا السَّمَآءُ انْشَقَّتْ ﴿١﴾ وَأَذِنَتْ لِرَبِّهَا وَحُقَّتْ ﴿٢﴾ وَإِذَا
الْأَرْضُ مُدَّتْ ﴿٣﴾ وَأَلْقَتْ مَا فِيْهَا وَتَخَلَّتْ ﴿٤﴾ وَأَذِنَتْ
لِرَبِّهَا وَحُقَّتْ ﴿٥﴾ يٰٓأَيُّهَا الْإِنْسَانُ إِنَّكَ كَادِحٌ إِلٰى رَبِّكَ
كَدْحًا فَمُلٰقِيْهِ ﴿٦﴾ فَأَمَّا مَنْ أُوْتِيَ كِتٰبَهٗ بِيَمِيْنِهٖ ﴿٧﴾
فَسَوْفَ يُحَاسَبُ حِسَابًا يَّسِيْرًا ﴿٨﴾ وَّيَنْقَلِبُ إِلٰٓى أَهْلِهٖ
مَسْرُوْرًا ﴿٩﴾ وَأَمَّا مَنْ أُوْتِيَ كِتٰبَهٗ وَرَآءَ ظَهْرِهٖ ﴿١٠﴾ فَسَوْفَ
يَدْعُوْا ثُبُوْرًا ﴿١١﴾ وَّيَصْلٰى سَعِيْرًا ﴿١٢﴾ إِنَّهٗ كَانَ فِيْٓ أَهْلِهٖ

مَسْرُوْرًا ﴿١٣﴾ اِنَّهٗ ظَنَّ اَنْ لَّنْ يَّحُوْرَ ﴿١٤﴾ بَلٰٓى ۚۛ اِنَّ رَبَّهٗ كَانَ معانقة ١ عند المتاخرين
بِهٖ بَصِيْرًا ﴿١٥﴾ فَلَآ اُقْسِمُ بِالشَّفَقِ ﴿١٦﴾ وَالَّيْلِ وَمَا
وَسَقَ ﴿١٧﴾ وَالْقَمَرِ اِذَا اتَّسَقَ ﴿١٨﴾ لَتَرْكَبُنَّ طَبَقًا عَنْ طَبَقٍ ﴿١٩﴾
فَمَا لَهُمْ لَا يُؤْمِنُوْنَ ﴿٢٠﴾ وَاِذَا قُرِئَ عَلَيْهِمُ الْقُرْاٰنُ
لَا يَسْجُدُوْنَ ﴿٢١﴾ السجدة بَلِ الَّذِيْنَ كَفَرُوْا يُكَذِّبُوْنَ ﴿٢٢﴾ وَاللّٰهُ السجدة ١٣
اَعْلَمُ بِمَا يُوْعُوْنَ ﴿٢٣﴾ فَبَشِّرْهُمْ بِعَذَابٍ اَلِيْمٍ ﴿٢٤﴾ اِلَّا
الَّذِيْنَ اٰمَنُوْا وَعَمِلُوا الصّٰلِحٰتِ لَهُمْ اَجْرٌ غَيْرُ مَمْنُوْنٍ ﴿٢٥﴾ ع ٢٥ ٩

اٰيَاتُهَا ٢٢ — (٨٥) سُوْرَةُ الْبُرُوْجِ مَكِّيَّةٌ (٢٧) — رُكُوْعُهَا ١

بِسْمِ اللّٰهِ الرَّحْمٰنِ الرَّحِيْمِ

وَالسَّمَآءِ ذَاتِ الْبُرُوْجِ ﴿١﴾ وَالْيَوْمِ الْمَوْعُوْدِ ﴿٢﴾ وَشَاهِدٍ
وَّمَشْهُوْدٍ ﴿٣﴾ قُتِلَ اَصْحٰبُ الْاُخْدُوْدِ ﴿٤﴾ النَّارِ ذَاتِ
الْوَقُوْدِ ﴿٥﴾ اِذْ هُمْ عَلَيْهَا قُعُوْدٌ ﴿٦﴾ وَّهُمْ عَلٰى مَا يَفْعَلُوْنَ
بِالْمُؤْمِنِيْنَ شُهُوْدٌ ﴿٧﴾ وَمَا نَقَمُوْا مِنْهُمْ اِلَّآ اَنْ يُّؤْمِنُوْا

بِاللّٰهِ الْعَزِيْزِ الْحَمِيْدِ ﴿٨﴾ الَّذِىْ لَهٗ مُلْكُ السَّمٰوٰتِ وَالْاَرْضِ ؕ
وَاللّٰهُ عَلٰى كُلِّ شَىْءٍ شَهِيْدٌ ؕ ﴿٩﴾ اِنَّ الَّذِيْنَ فَتَنُوا الْمُؤْمِنِيْنَ
وَالْمُؤْمِنٰتِ ثُمَّ لَمْ يَتُوْبُوْا فَلَهُمْ عَذَابُ جَهَنَّمَ وَلَهُمْ عَذَابُ
الْحَرِيْقِ ؕ ﴿١٠﴾ اِنَّ الَّذِيْنَ اٰمَنُوْا وَعَمِلُوا الصّٰلِحٰتِ لَهُمْ جَنّٰتٌ
تَجْرِىْ مِنْ تَحْتِهَا الْاَنْهٰرُ ؕ ذٰلِكَ الْفَوْزُ الْكَبِيْرُ ؕ ﴿١١﴾ اِنَّ
بَطْشَ رَبِّكَ لَشَدِيْدٌ ؕ ﴿١٢﴾ اِنَّهٗ هُوَ يُبْدِئُ وَيُعِيْدُ ۚ ﴿١٣﴾ وَهُوَ
الْغَفُوْرُ الْوَدُوْدُ ۙ ﴿١٤﴾ ذُو الْعَرْشِ الْمَجِيْدُ ۙ ﴿١٥﴾ فَعَّالٌ لِّمَا
يُرِيْدُ ؕ ﴿١٦﴾ هَلْ اَتٰىكَ حَدِيْثُ الْجُنُوْدِ ۙ ﴿١٧﴾ فِرْعَوْنَ وَثَمُوْدَ ؕ ﴿١٨﴾
بَلِ الَّذِيْنَ كَفَرُوْا فِىْ تَكْذِيْبٍ ۙ ﴿١٩﴾ وَّاللّٰهُ مِنْ وَّرَآئِهِمْ
مُّحِيْطٌ ۚ ﴿٢٠﴾ بَلْ هُوَ قُرْاٰنٌ مَّجِيْدٌ ۙ ﴿٢١﴾ فِىْ لَوْحٍ مَّحْفُوْظٍ ﴿٢٢﴾ ع ٢٢

اٰيَاتُهَا ١٧ (٨٦) سُوْرَةُ الطَّارِقِ مَكِّيَّةٌ (٣٦) رُكُوْعُهَا ١

بِسْمِ اللّٰهِ الرَّحْمٰنِ الرَّحِيْمِ

وَالسَّمَآءِ وَالطَّارِقِ ۙ ﴿١﴾ وَمَآ اَدْرٰىكَ مَا الطَّارِقُ ۙ ﴿٢﴾ النَّجْمُ

الثَّاقِبُ ۝٣ اِنْ كُلُّ نَفْسٍ لَّمَّا عَلَيْهَا حَافِظٌ ۝٤ فَلْيَنْظُرِ
الْاِنْسَانُ مِمَّ خُلِقَ ۝٥ خُلِقَ مِنْ مَّآءٍ دَافِقٍ ۝٦ يَّخْرُجُ مِنْ
بَيْنِ الصُّلْبِ وَالتَّرَآئِبِ ۝٧ اِنَّهٗ عَلٰى رَجْعِهٖ لَقَادِرٌ ۝٨
يَوْمَ تُبْلَى السَّرَآئِرُ ۝٩ فَمَا لَهٗ مِنْ قُوَّةٍ وَّلَا نَاصِرٍ ۝١٠ وَالسَّمَآءِ
ذَاتِ الرَّجْعِ ۝١١ وَالْاَرْضِ ذَاتِ الصَّدْعِ ۝١٢ اِنَّهٗ لَقَوْلٌ
فَصْلٌ ۝١٣ وَّمَا هُوَ بِالْهَزْلِ ۝١٤ اِنَّهُمْ يَكِيْدُوْنَ كَيْدًا ۝١٥
وَّاَكِيْدُ كَيْدًا ۝١٦ فَمَهِّلِ الْكٰفِرِيْنَ اَمْهِلْهُمْ رُوَيْدًا ۝١٧ ع ١٧ ١١

اٰيَاتُهَا ١٩ (٨٧) سُوْرَةُ الْاَعْلٰى مَكِّيَّةٌ (٨) رُكُوْعُهَا ١

بِسْمِ اللّٰهِ الرَّحْمٰنِ الرَّحِيْمِ

سَبِّحِ اسْمَ رَبِّكَ الْاَعْلَى ۝١ الَّذِيْ خَلَقَ فَسَوّٰى ۝٢ وَالَّذِيْ
قَدَّرَ فَهَدٰى ۝٣ وَالَّذِيْٓ اَخْرَجَ الْمَرْعٰى ۝٤ فَجَعَلَهٗ غُثَآءً
اَحْوٰى ۝٥ سَنُقْرِئُكَ فَلَا تَنْسٰٓى ۝٦ اِلَّا مَا شَآءَ اللّٰهُ اِنَّهٗ
يَعْلَمُ الْجَهْرَ وَمَا يَخْفٰى ۝٧ وَنُيَسِّرُكَ لِلْيُسْرٰى ۝٨ فَذَكِّرْ

اِنْ نَّفَعَتِ الذِّكْرٰى ﴿٩﴾ سَيَذَّكَّرُ مَنْ يَّخْشٰى ﴿١٠﴾ وَ
يَتَجَنَّبُهَا الْاَشْقَى ﴿١١﴾ الَّذِىْ يَصْلَى النَّارَ الْكُبْرٰى ﴿١٢﴾ ثُمَّ
لَا يَمُوْتُ فِيْهَا وَلَا يَحْيٰى ﴿١٣﴾ قَدْ اَفْلَحَ مَنْ تَزَكّٰى ﴿١٤﴾ وَ
ذَكَرَ اسْمَ رَبِّهٖ فَصَلّٰى ﴿١٥﴾ بَلْ تُؤْثِرُوْنَ الْحَيٰوةَ الدُّنْيَا ﴿١٦﴾
وَالْاٰخِرَةُ خَيْرٌ وَّاَبْقٰى ﴿١٧﴾ اِنَّ هٰذَا لَفِى الصُّحُفِ
الْاُوْلٰى ﴿١٨﴾ صُحُفِ اِبْرٰهِيْمَ وَمُوْسٰى ﴿١٩﴾ ع ١٩ ١٢

اٰيَاتُهَا ٢٦ (٨٨) سُوْرَةُ الْغَاشِيَةِ مَكِّيَّةٌ (٦٨) رُكُوْعُهَا ١

بِسْمِ اللّٰهِ الرَّحْمٰنِ الرَّحِيْمِ

هَلْ اَتٰىكَ حَدِيْثُ الْغَاشِيَةِ ﴿١﴾ وُجُوْهٌ يَّوْمَئِذٍ خَاشِعَةٌ ﴿٢﴾
عَامِلَةٌ نَّاصِبَةٌ ﴿٣﴾ تَصْلٰى نَارًا حَامِيَةً ﴿٤﴾ تُسْقٰى مِنْ
عَيْنٍ اٰنِيَةٍ ﴿٥﴾ لَيْسَ لَهُمْ طَعَامٌ اِلَّا مِنْ ضَرِيْعٍ ﴿٦﴾ لَّا يُسْمِنُ
وَلَا يُغْنِىْ مِنْ جُوْعٍ ﴿٧﴾ وُجُوْهٌ يَّوْمَئِذٍ نَّاعِمَةٌ ﴿٨﴾
لِّسَعْيِهَا رَاضِيَةٌ ﴿٩﴾ فِىْ جَنَّةٍ عَالِيَةٍ ﴿١٠﴾ لَّا تَسْمَعُ فِيْهَا

وقف لازم

لَا غِيَةً ﴿١١﴾ فِيهَا عَيْنٌ جَارِيَةٌ ﴿١٢﴾ فِيهَا سُرُرٌ مَّرْفُوعَةٌ ﴿١٣﴾
وَّأَكْوَابٌ مَّوْضُوعَةٌ ﴿١٤﴾ وَّنَمَارِقُ مَصْفُوفَةٌ ﴿١٥﴾ وَّزَرَابِيُّ
مَبْثُوثَةٌ ﴿١٦﴾ أَفَلَا يَنْظُرُونَ إِلَى الْإِبِلِ كَيْفَ خُلِقَتْ ﴿١٧﴾
وَإِلَى السَّمَاءِ كَيْفَ رُفِعَتْ ﴿١٨﴾ وَإِلَى الْجِبَالِ كَيْفَ
نُصِبَتْ ﴿١٩﴾ وَإِلَى الْأَرْضِ كَيْفَ سُطِحَتْ ﴿٢٠﴾ فَذَكِّرْ إِنَّمَا
أَنْتَ مُذَكِّرٌ ﴿٢١﴾ لَسْتَ عَلَيْهِمْ بِمُصَيْطِرٍ ﴿٢٢﴾ إِلَّا مَنْ
تَوَلَّى وَكَفَرَ ﴿٢٣﴾ فَيُعَذِّبُهُ اللَّهُ الْعَذَابَ الْأَكْبَرَ ﴿٢٤﴾
إِنَّ إِلَيْنَا إِيَابَهُمْ ﴿٢٥﴾ ثُمَّ إِنَّ عَلَيْنَا حِسَابَهُمْ ﴿٢٦﴾ ع

النصف ١٣ ع ٢٦

(٨٩) سُورَةُ الْفَجْرِ مَكِّيَّةٌ (١٠)

ايَاتُهَا ٣٠ — رُكُوعُهَا ١

بِسْمِ اللَّهِ الرَّحْمَٰنِ الرَّحِيمِ

وَالْفَجْرِ ﴿١﴾ وَلَيَالٍ عَشْرٍ ﴿٢﴾ وَّالشَّفْعِ وَالْوَتْرِ ﴿٣﴾ وَاللَّيْلِ إِذَا
يَسْرِ ﴿٤﴾ هَلْ فِي ذَٰلِكَ قَسَمٌ لِّذِي حِجْرٍ ﴿٥﴾ أَلَمْ تَرَ كَيْفَ
فَعَلَ رَبُّكَ بِعَادٍ ﴿٦﴾ إِرَمَ ذَاتِ الْعِمَادِ ﴿٧﴾ الَّتِي لَمْ يُخْلَقْ

مِثْلُهَا فِي الْبِلَادِ ۝٨ وَثَمُودَ الَّذِينَ جَابُوا الصَّخْرَ بِالْوَادِ ۝٩
وَفِرْعَوْنَ ذِي الْأَوْتَادِ ۝١٠ الَّذِينَ طَغَوْا فِي الْبِلَادِ ۝١١
فَأَكْثَرُوا فِيهَا الْفَسَادَ ۝١٢ فَصَبَّ عَلَيْهِمْ رَبُّكَ سَوْطَ
عَذَابٍ ۝١٣ إِنَّ رَبَّكَ لَبِالْمِرْصَادِ ۝١٤ فَأَمَّا الْإِنْسَانُ إِذَا
مَا ابْتَلَاهُ رَبُّهُ فَأَكْرَمَهُ وَنَعَّمَهُ ۝ فَيَقُولُ رَبِّي أَكْرَمَنِ ۝١٥
وَأَمَّا إِذَا مَا ابْتَلَاهُ فَقَدَرَ عَلَيْهِ رِزْقَهُ ۝ فَيَقُولُ رَبِّي
أَهَانَنِ ۝١٦ كَلَّا بَلْ لَا تُكْرِمُونَ الْيَتِيمَ ۝١٧ وَلَا تَحَاضُّونَ
عَلَىٰ طَعَامِ الْمِسْكِينِ ۝١٨ وَتَأْكُلُونَ التُّرَاثَ أَكْلًا لَمًّا ۝١٩
وَتُحِبُّونَ الْمَالَ حُبًّا جَمًّا ۝٢٠ كَلَّا إِذَا دُكَّتِ الْأَرْضُ دَكًّا
دَكًّا ۝٢١ وَجَاءَ رَبُّكَ وَالْمَلَكُ صَفًّا صَفًّا ۝٢٢ وَجِيءَ يَوْمَئِذٍ
بِجَهَنَّمَ ۝ يَوْمَئِذٍ يَتَذَكَّرُ الْإِنْسَانُ وَأَنَّىٰ لَهُ الذِّكْرَىٰ ۝٢٣
يَقُولُ يَا لَيْتَنِي قَدَّمْتُ لِحَيَاتِي ۝٢٤ فَيَوْمَئِذٍ لَا يُعَذِّبُ
عَذَابَهُ أَحَدٌ ۝٢٥ وَلَا يُوثِقُ وَثَاقَهُ أَحَدٌ ۝٢٦ يَا أَيَّتُهَا

النَّفْسُ الْمُطْمَىِٕنَّةُ ﴿٢٧﴾ قف ارْجِعِیْۤ اِلٰى رَبِّكِ رَاضِیَةً مَّرْضِیَّةً ﴿٢٨﴾ ج

فَادْخُلِیْ فِیْ عِبٰدِیْ ﴿٢٩﴾ لا وَ ادْخُلِیْ جَنَّتِیْ ﴿٣٠﴾ ع

اٰیَاتُهَا ٢٠ (٩٠) سُوْرَةُ الْبَلَدِ مَكِّیَّةٌ (٣٥) رُكُوْعُهَا ١

بِسْمِ اللّٰهِ الرَّحْمٰنِ الرَّحِیْمِ

لَاۤ اُقْسِمُ بِهٰذَا الْبَلَدِ ﴿١﴾ لا وَ اَنْتَ حِلٌّۢ بِهٰذَا الْبَلَدِ ﴿٢﴾ لا وَ

وَالِدٍ وَّمَا وَلَدَ ﴿٣﴾ لا لَقَدْ خَلَقْنَا الْاِنْسَانَ فِیْ كَبَدٍ ﴿٤﴾ ط

اَیَحْسَبُ اَنْ لَّنْ یَّقْدِرَ عَلَیْهِ اَحَدٌ ﴿٥﴾ م یَقُوْلُ اَهْلَكْتُ مَالًا

لُّبَدًا ﴿٦﴾ ط اَیَحْسَبُ اَنْ لَّمْ یَرَهٗۤ اَحَدٌ ﴿٧﴾ ط اَلَمْ نَجْعَلْ لَّهٗ

عَیْنَیْنِ ﴿٨﴾ لا وَ لِسَانًا وَّ شَفَتَیْنِ ﴿٩﴾ لا وَ هَدَیْنٰهُ النَّجْدَیْنِ ﴿١٠﴾ ج

فَلَا اقْتَحَمَ الْعَقَبَةَ ﴿١١﴾ زصلے وَ مَاۤ اَدْرٰىكَ مَا الْعَقَبَةُ ﴿١٢﴾ ط

فَكُّ رَقَبَةٍ ﴿١٣﴾ لا اَوْ اِطْعٰمٌ فِیْ یَوْمٍ ذِیْ مَسْغَبَةٍ ﴿١٤﴾ لا یَّتِیْمًا

ذَا مَقْرَبَةٍ ﴿١٥﴾ لا اَوْ مِسْكِیْنًا ذَا مَتْرَبَةٍ ﴿١٦﴾ ط ثُمَّ كَانَ مِنَ

الَّذِیْنَ اٰمَنُوْا وَ تَوَاصَوْا بِالصَّبْرِ وَ تَوَاصَوْا بِالْمَرْحَمَةِ ﴿١٧﴾ ط

وقف لازم

ع ١٤ ١

أُولٰٓئِكَ أَصْحٰبُ الْمَيْمَنَةِ ۝۱۸ وَالَّذِيْنَ كَفَرُوْا بِاٰيٰتِنَا
هُمْ أَصْحٰبُ الْمَشْئَمَةِ ۝۱۹ عَلَيْهِمْ نَارٌ مُّؤْصَدَةٌ ۝۲۰ ع ۱ ۲۰ ۱۵

اٰيَاتُهَا ۱۵ (۹۱) سُوْرَةُ الشَّمْسِ مَكِّيَّةٌ (۲۶) رُكُوْعُهَا ۱

بِسْمِ اللّٰهِ الرَّحْمٰنِ الرَّحِيْمِ

وَالشَّمْسِ وَضُحٰىهَا ۝۱ وَالْقَمَرِ إِذَا تَلٰىهَا ۝۲ وَالنَّهَارِ
إِذَا جَلّٰىهَا ۝۳ وَالَّيْلِ إِذَا يَغْشٰىهَا ۝۴ وَالسَّمَآءِ وَمَا
بَنٰىهَا ۝۵ وَالْأَرْضِ وَمَا طَحٰىهَا ۝۶ وَنَفْسٍ وَّمَا سَوّٰىهَا ۝۷
فَأَلْهَمَهَا فُجُوْرَهَا وَتَقْوٰىهَا ۝۸ قَدْ أَفْلَحَ مَنْ زَكّٰىهَا ۝۹
وَقَدْ خَابَ مَنْ دَسّٰىهَا ۝۱۰ كَذَّبَتْ ثَمُوْدُ بِطَغْوٰىهَآ ۝۱۱
إِذِ انْبَعَثَ أَشْقٰىهَا ۝۱۲ فَقَالَ لَهُمْ رَسُوْلُ اللّٰهِ نَاقَةَ
اللّٰهِ وَسُقْيٰهَا ۝۱۳ فَكَذَّبُوْهُ فَعَقَرُوْهَا ۵ فَدَمْدَمَ
عَلَيْهِمْ رَبُّهُمْ بِذَنْۢبِهِمْ فَسَوّٰىهَا ۝۱۴ وَلَا يَخَافُ
عُقْبٰهَا ۝۱۵ ع ۱ ۱۵ ۱۶

آیاتہا ۲۱ (۹۲) سُوۡرَةُ الَّيۡلِ مَكِّيَّةٌ (۹) رکوعہا ۱

بِسۡمِ اللّٰهِ الرَّحۡمٰنِ الرَّحِيۡمِ ○

وَالَّيۡلِ اِذَا يَغۡشٰى ۙ﴿۱﴾ وَالنَّهَارِ اِذَا تَجَلّٰى ۙ﴿۲﴾ وَمَا خَلَقَ
الذَّكَرَ وَالۡاُنۡثٰٓى ۙ﴿۳﴾ اِنَّ سَعۡيَكُمۡ لَشَتّٰى ؕ﴿۴﴾ فَاَمَّا مَنۡ اَعۡطٰى
وَاتَّقٰى ۙ﴿۵﴾ وَصَدَّقَ بِالۡحُسۡنٰى ۙ﴿۶﴾ فَسَنُيَسِّرُهٗ لِلۡيُسۡرٰى ؕ﴿۷﴾
وَاَمَّا مَنۡۢ بَخِلَ وَاسۡتَغۡنٰى ۙ﴿۸﴾ وَكَذَّبَ بِالۡحُسۡنٰى ۙ﴿۹﴾ فَسَنُيَسِّرُهٗ
لِلۡعُسۡرٰى ؕ﴿۱۰﴾ وَمَا يُغۡنِىۡ عَنۡهُ مَالُهٗۤ اِذَا تَرَدّٰى ؕ﴿۱۱﴾
اِنَّ عَلَيۡنَا لَلۡهُدٰى ۖ﴿۱۲﴾ وَاِنَّ لَنَا لَلۡاٰخِرَةَ وَالۡاُوۡلٰى ﴿۱۳﴾
فَاَنۡذَرۡتُكُمۡ نَارًا تَلَظّٰى ۚ﴿۱۴﴾ لَا يَصۡلٰٮهَاۤ اِلَّا الۡاَشۡقَى ۙ﴿۱۵﴾
الَّذِىۡ كَذَّبَ وَتَوَلّٰى ؕ﴿۱۶﴾ وَسَيُجَنَّبُهَا الۡاَتۡقَى ۙ﴿۱۷﴾ الَّذِىۡ
يُؤۡتِىۡ مَالَهٗ يَتَزَكّٰى ۚ﴿۱۸﴾ وَمَا لِاَحَدٍ عِنۡدَهٗ مِنۡ
نِّعۡمَةٍ تُجۡزٰٓى ۙ﴿۱۹﴾ اِلَّا ابۡتِغَآءَ وَجۡهِ رَبِّهِ الۡاَعۡلٰى ۚ﴿۲۰﴾
ع ۱ ۲۱ ۱۷ وَلَسَوۡفَ يَرۡضٰى ﴿۲۱﴾

اٰیَاتُهَا ١١ (٩٣) سُوْرَةُ الضُّحٰى مَكِّيَّةٌ (١١) رُكُوْعُهَا ١

بِسْمِ اللّٰهِ الرَّحْمٰنِ الرَّحِيْمِ

وَالضُّحٰى ۙ﴿١﴾ وَالَّيْلِ اِذَا سَجٰى ۙ﴿٢﴾ مَا وَدَّعَكَ رَبُّكَ وَمَا قَلٰى ؕ﴿٣﴾
وَلَلْاٰخِرَةُ خَيْرٌ لَّكَ مِنَ الْاُوْلٰى ؕ﴿٤﴾ وَلَسَوْفَ يُعْطِيْكَ رَبُّكَ
فَتَرْضٰى ؕ﴿٥﴾ اَلَمْ يَجِدْكَ يَتِيْمًا فَاٰوٰى ۪﴿٦﴾ وَوَجَدَكَ ضَآلًّا
فَهَدٰى ۪﴿٧﴾ وَوَجَدَكَ عَآئِلًا فَاَغْنٰى ؕ﴿٨﴾ فَاَمَّا الْيَتِيْمَ فَلَا
تَقْهَرْ ؕ﴿٩﴾ وَاَمَّا السَّآئِلَ فَلَا تَنْهَرْ ؕ﴿١٠﴾ وَاَمَّا بِنِعْمَةِ رَبِّكَ فَحَدِّثْ ع﴿١١﴾ ع ١ ١١ ١٨

اٰیَاتُهَا ٨ (٩٤) سُوْرَةُ الْاِنْشِرَاحِ مَكِّيَّةٌ (١٢) رُكُوْعُهَا ١

بِسْمِ اللّٰهِ الرَّحْمٰنِ الرَّحِيْمِ

اَلَمْ نَشْرَحْ لَكَ صَدْرَكَ ۙ﴿١﴾ وَوَضَعْنَا عَنْكَ وِزْرَكَ ۙ﴿٢﴾
الَّذِیْۤ اَنْقَضَ ظَهْرَكَ ۙ﴿٣﴾ وَرَفَعْنَا لَكَ ذِكْرَكَ ؕ﴿٤﴾ فَاِنَّ
مَعَ الْعُسْرِ يُسْرًا ۙ﴿٥﴾ اِنَّ مَعَ الْعُسْرِ يُسْرًا ؕ﴿٦﴾ فَاِذَا
فَرَغْتَ فَانْصَبْ ۙ﴿٧﴾ وَاِلٰى رَبِّكَ فَارْغَبْ ع﴿٨﴾ ع ١ ٨ ١٩

سُوْرَةُ التِّيْنِ

اٰیَاتُهَا ۸ (۹۵) سُوْرَةُ التِّیْنِ مَکِّیَّةٌ (۲۸) رُکُوْعُهَا ۱

بِسْمِ اللّٰهِ الرَّحْمٰنِ الرَّحِیْمِ

وَالتِّيْنِ وَالزَّيْتُوْنِ ۝۱ وَطُوْرِ سِيْنِيْنَ ۝۲ وَهٰذَا الْبَلَدِ
الْاَمِيْنِ ۝۳ لَقَدْ خَلَقْنَا الْاِنْسَانَ فِيْٓ اَحْسَنِ تَقْوِيْمٍ ۝۴
ثُمَّ رَدَدْنٰهُ اَسْفَلَ سٰفِلِيْنَ ۝۵ اِلَّا الَّذِيْنَ اٰمَنُوْا
وَعَمِلُوا الصّٰلِحٰتِ فَلَهُمْ اَجْرٌ غَيْرُ مَمْنُوْنٍ ۝۶ فَمَا يُكَذِّبُكَ
ع ۱ ۸ ۲۰ بَعْدُ بِالدِّيْنِ ۝۷ اَلَيْسَ اللّٰهُ بِاَحْكَمِ الْحٰكِمِيْنَ ۝۸

اٰیَاتُهَا ۱۹ (۹۶) سُوْرَةُ الْعَلَقِ مَکِّیَّةٌ (۱) رُکُوْعُهَا ۱

بِسْمِ اللّٰهِ الرَّحْمٰنِ الرَّحِیْمِ

اِقْرَاْ بِاسْمِ رَبِّكَ الَّذِيْ خَلَقَ ۝۱ خَلَقَ الْاِنْسَانَ مِنْ
عَلَقٍ ۝۲ اِقْرَاْ وَرَبُّكَ الْاَكْرَمُ ۝۳ الَّذِيْ عَلَّمَ بِالْقَلَمِ ۝۴
عَلَّمَ الْاِنْسَانَ مَا لَمْ يَعْلَمْ ۝۵ كَلَّآ اِنَّ الْاِنْسَانَ لَيَطْغٰٓى ۝۶
اَنْ رَّاٰهُ اسْتَغْنٰى ۝۷ اِنَّ اِلٰى رَبِّكَ الرُّجْعٰى ۝۸ اَرَءَيْتَ الَّذِيْ

يَنْهٰى ۙ﴿٩﴾ عَبْدًا اِذَا صَلّٰى ؕ﴿١٠﴾ اَرَءَيْتَ اِنْ كَانَ عَلَى
الْهُدٰٓى ۙ﴿١١﴾ اَوْ اَمَرَ بِالتَّقْوٰى ؕ﴿١٢﴾ اَرَءَيْتَ اِنْ كَذَّبَ وَتَوَلّٰى ؕ﴿١٣﴾
اَلَمْ يَعْلَمْ بِاَنَّ اللّٰهَ يَرٰى ؕ﴿١٤﴾ كَلَّا لَئِنْ لَّمْ يَنْتَهِ ۙ لَنَسْفَعًا ۢ
بِالنَّاصِيَةِ ۙ﴿١٥﴾ نَاصِيَةٍ كَاذِبَةٍ خَاطِئَةٍ ۚ﴿١٦﴾ فَلْيَدْعُ نَادِيَهٗ ۙ﴿١٧﴾
سَنَدْعُ الزَّبَانِيَةَ ۙ﴿١٨﴾ كَلَّا ؕ لَا تُطِعْهُ وَاسْجُدْ وَاقْتَرِبْ ۩ ﴿١٩﴾ ع السجدة

اٰيَاتُهَا ٥	(٩٧) سُوْرَةُ الْقَدْرِ مَكِّيَّةٌ (٢٥)	رُكُوْعُهَا ١

بِسْمِ اللّٰهِ الرَّحْمٰنِ الرَّحِيْمِ

اِنَّآ اَنْزَلْنٰهُ فِىْ لَيْلَةِ الْقَدْرِ ۚۖ﴿١﴾ وَمَآ اَدْرٰىكَ مَا لَيْلَةُ الْقَدْرِ ؕ﴿٢﴾
لَيْلَةُ الْقَدْرِ ۙ خَيْرٌ مِّنْ اَلْفِ شَهْرٍ ؕ﴿٣﴾ تَنَزَّلُ الْمَلٰٓئِكَةُ وَالرُّوْحُ
فِيْهَا بِاِذْنِ رَبِّهِمْ ۚ مِنْ كُلِّ اَمْرٍ ۙ﴿٤﴾ سَلٰمٌ ۛ هِىَ حَتّٰى مَطْلَعِ الْفَجْرِ ﴿٥﴾ ع

اٰيَاتُهَا ٨	(٩٨) سُوْرَةُ الْبَيِّنَةِ مَدَنِيَّةٌ (١٠٠)	رُكُوْعُهَا ١

بِسْمِ اللّٰهِ الرَّحْمٰنِ الرَّحِيْمِ

لَمْ يَكُنِ الَّذِيْنَ كَفَرُوْا مِنْ اَهْلِ الْكِتٰبِ وَالْمُشْرِكِيْنَ مُنْفَكِّيْنَ

حَتّٰى تَاْتِيَهُمُ الْبَيِّنَةُ ۙ ﴿١﴾ رَسُوْلٌ مِّنَ اللّٰهِ يَتْلُوْا صُحُفًا مُّطَهَّرَةً ۙ ﴿٢﴾
فِيْهَا كُتُبٌ قَيِّمَةٌ ؕ ﴿٣﴾ وَمَا تَفَرَّقَ الَّذِيْنَ اُوْتُوا الْكِتٰبَ
اِلَّا مِنْۢ بَعْدِ مَا جَآءَتْهُمُ الْبَيِّنَةُ ؕ ﴿٤﴾ وَمَآ اُمِرُوْٓا اِلَّا
لِيَعْبُدُوا اللّٰهَ مُخْلِصِيْنَ لَهُ الدِّيْنَ ۙ۬ حُنَفَآءَ وَيُقِيْمُوا
الصَّلٰوةَ وَيُؤْتُوا الزَّكٰوةَ وَذٰلِكَ دِيْنُ الْقَيِّمَةِ ؕ ﴿٥﴾ اِنَّ الَّذِيْنَ
كَفَرُوْا مِنْ اَهْلِ الْكِتٰبِ وَالْمُشْرِكِيْنَ فِيْ نَارِ جَهَنَّمَ خٰلِدِيْنَ
فِيْهَا ؕ اُولٰٓئِكَ هُمْ شَرُّ الْبَرِيَّةِ ؕ ﴿٦﴾ اِنَّ الَّذِيْنَ اٰمَنُوْا وَعَمِلُوا
الصّٰلِحٰتِ ۙ اُولٰٓئِكَ هُمْ خَيْرُ الْبَرِيَّةِ ؕ ﴿٧﴾ جَزَآؤُهُمْ عِنْدَ رَبِّهِمْ
جَنّٰتُ عَدْنٍ تَجْرِيْ مِنْ تَحْتِهَا الْاَنْهٰرُ خٰلِدِيْنَ فِيْهَآ اَبَدًا ؕ
ع ١ ٨ ٢٣ رَضِيَ اللّٰهُ عَنْهُمْ وَرَضُوْا عَنْهُ ؕ ذٰلِكَ لِمَنْ خَشِيَ رَبَّهٗ ۧ ﴿٨﴾

اٰيَاتُهَا ٨ (٩٩) سُوْرَةُ الزِّلْزَالِ مَدَنِيَّةٌ (٩٣) رُكُوْعُهَا ١

بِسْمِ اللّٰهِ الرَّحْمٰنِ الرَّحِيْمِ

اِذَا زُلْزِلَتِ الْاَرْضُ زِلْزَالَهَا ۙ ﴿١﴾ وَاَخْرَجَتِ الْاَرْضُ

أَثْقَالَهَا ﴿٢﴾ وَقَالَ الْإِنسَانُ مَا لَهَا ﴿٣﴾ يَوْمَئِذٍ تُحَدِّثُ
أَخْبَارَهَا ﴿٤﴾ بِأَنَّ رَبَّكَ أَوْحَىٰ لَهَا ﴿٥﴾ يَوْمَئِذٍ يَصْدُرُ النَّاسُ
أَشْتَاتًا ۬ لِّيُرَوْا أَعْمَالَهُمْ ﴿٦﴾ فَمَن يَعْمَلْ مِثْقَالَ ذَرَّةٍ
خَيْرًا يَرَهُ ﴿٧﴾ وَمَن يَعْمَلْ مِثْقَالَ ذَرَّةٍ شَرًّا يَرَهُ ﴿٨﴾ ع ٨ ٢٤

آیاتہا ١١ — (١٠٠) سُورَةُ الْعٰدِيٰتِ مَكِّيَّةٌ (١٤) — رکوعہا ١

بِسْمِ اللّٰهِ الرَّحْمٰنِ الرَّحِيمِ

وَالْعٰدِيٰتِ ضَبْحًا ﴿١﴾ فَالْمُورِيٰتِ قَدْحًا ﴿٢﴾ فَالْمُغِيرٰتِ
صُبْحًا ﴿٣﴾ فَأَثَرْنَ بِهِ نَقْعًا ﴿٤﴾ فَوَسَطْنَ بِهِ جَمْعًا ﴿٥﴾
إِنَّ الْإِنسَانَ لِرَبِّهِ لَكَنُودٌ ﴿٦﴾ وَإِنَّهُ عَلَىٰ
ذٰلِكَ لَشَهِيدٌ ﴿٧﴾ وَإِنَّهُ لِحُبِّ الْخَيْرِ لَشَدِيدٌ ﴿٨﴾
أَفَلَا يَعْلَمُ إِذَا بُعْثِرَ مَا فِي الْقُبُورِ ﴿٩﴾ وَحُصِّلَ
مَا فِي الصُّدُورِ ﴿١٠﴾ إِنَّ رَبَّهُم بِهِمْ يَوْمَئِذٍ
لَّخَبِيرٌ ﴿١١﴾ ع ١١ ٢٥

رکوعها ۱ (۱۰۱) سُوْرَةُ الْقَارِعَةِ مَكِّيَّةٌ (۳۰) اٰیاتها ۱۱

بِسْمِ اللّٰهِ الرَّحْمٰنِ الرَّحِيْمِ ○

اَلْقَارِعَةُ ۝۱ مَا الْقَارِعَةُ ۝۲ وَمَآ اَدْرٰىكَ مَا الْقَارِعَةُ ۝۳
يَوْمَ يَكُوْنُ النَّاسُ كَالْفَرَاشِ الْمَبْثُوْثِ ۝۴ وَتَكُوْنُ
الْجِبَالُ كَالْعِهْنِ الْمَنْفُوْشِ ۝۵ فَاَمَّا مَنْ ثَقُلَتْ مَوَازِيْنُهٗ ۝۶
فَهُوَ فِيْ عِيْشَةٍ رَّاضِيَةٍ ۝۷ وَاَمَّا مَنْ خَفَّتْ مَوَازِيْنُهٗ ۝۸
ع ۱ ۱۱ ۲۶ فَاُمُّهٗ هَاوِيَةٌ ۝۹ وَمَآ اَدْرٰىكَ مَا هِيَهْ ۝۱۰ نَارٌ حَامِيَةٌ ۝۱۱

رکوعها ۱ (۱۰۲) سُوْرَةُ التَّكَاثُرِ مَكِّيَّةٌ (۱۶) اٰیاتها ۸

بِسْمِ اللّٰهِ الرَّحْمٰنِ الرَّحِيْمِ ○

اَلْهٰىكُمُ التَّكَاثُرُ ۝۱ حَتّٰى زُرْتُمُ الْمَقَابِرَ ۝۲ كَلَّا سَوْفَ
تَعْلَمُوْنَ ۝۳ ثُمَّ كَلَّا سَوْفَ تَعْلَمُوْنَ ۝۴ كَلَّا لَوْ تَعْلَمُوْنَ
عِلْمَ الْيَقِيْنِ ۝۵ لَتَرَوُنَّ الْجَحِيْمَ ۝۶ ثُمَّ لَتَرَوُنَّهَا
ع ۱ ۸ ۲۷ عَيْنَ الْيَقِيْنِ ۝۷ ثُمَّ لَتُسْـَٔلُنَّ يَوْمَىِٕذٍ عَنِ النَّعِيْمِ ۝۸

آیاتها ٣ | (١٠٣) سُوْرَةُ الْعَصْرِ مَكِّيَّةٌ (١٣) | رکوعها ١

بِسْمِ اللّٰهِ الرَّحْمٰنِ الرَّحِیْمِ

وَالْعَصْرِ ۙ ﴿١﴾ اِنَّ الْاِنْسَانَ لَفِیْ خُسْرٍ ۙ ﴿٢﴾ اِلَّا الَّذِیْنَ اٰمَنُوْا
وَعَمِلُوا الصّٰلِحٰتِ وَتَوَاصَوْا بِالْحَقِّ ۙ۬ وَتَوَاصَوْا بِالصَّبْرِ ع ﴿٣﴾ ١ ع ٣ ٢٨

آیاتها ٩ | (١٠٤) سُوْرَةُ الْهُمَزَةِ مَكِّيَّةٌ (٣٢) | رکوعها ١

بِسْمِ اللّٰهِ الرَّحْمٰنِ الرَّحِیْمِ

وَیْلٌ لِّكُلِّ هُمَزَةٍ لُّمَزَةِ ۙ ﴿١﴾ الَّذِیْ جَمَعَ مَالًا وَّعَدَّدَهٗ ۙ ﴿٢﴾ یَحْسَبُ
اَنَّ مَالَهٗۤ اَخْلَدَهٗ ۚ ﴿٣﴾ كَلَّا لَیُنْۢبَذَنَّ فِی الْحُطَمَةِ ۫ۖ ﴿٤﴾ وَمَاۤ
اَدْرٰىكَ مَا الْحُطَمَةُ ؕ ﴿٥﴾ نَارُ اللّٰهِ الْمُوْقَدَةُ ۙ ﴿٦﴾ الَّتِیْ تَطَّلِعُ
عَلَی الْاَفْـِٕدَةِ ؕ ﴿٧﴾ اِنَّهَا عَلَیْهِمْ مُّؤْصَدَةٌ ۙ ﴿٨﴾ فِیْ عَمَدٍ مُّمَدَّدَةٍ ع ﴿٩﴾ ١ ع ٩ ٢٩

آیاتها ٥ | (١٠٥) سُوْرَةُ الْفِیْلِ مَكِّيَّةٌ (١٩) | رکوعها ١

بِسْمِ اللّٰهِ الرَّحْمٰنِ الرَّحِیْمِ

اَلَمْ تَرَ كَیْفَ فَعَلَ رَبُّكَ بِاَصْحٰبِ الْفِیْلِ ؕ ﴿١﴾ اَلَمْ یَجْعَلْ

كَيْدَهُمْ فِيْ تَضْلِيْلٍ ۙ﴿۲﴾ وَّاَرْسَلَ عَلَيْهِمْ طَيْرًا اَبَابِيْلَ ۙ﴿۳﴾

تَرْمِيْهِمْ بِحِجَارَةٍ مِّنْ سِجِّيْلٍ ۪ۙ﴿۴﴾ فَجَعَلَهُمْ كَعَصْفٍ مَّاْكُوْلٍ ۧ﴿۵﴾ ع ۵ ١ ٣٠

(١٠٦) سُوْرَةُ قُرَيْشٍ مَكِّيَّةٌ (٢٩)

اٰيَاتُهَا ۴ — رُكُوْعُهَا ١

بِسْمِ اللّٰهِ الرَّحْمٰنِ الرَّحِيْمِ ○

لِاِيْلٰفِ قُرَيْشٍ ۙ﴿۱﴾ اٖلٰفِهِمْ رِحْلَةَ الشِّتَآءِ وَالصَّيْفِ ۚ﴿۲﴾

فَلْيَعْبُدُوْا رَبَّ هٰذَا الْبَيْتِ ۙ﴿۳﴾ الَّذِيْۤ اَطْعَمَهُمْ مِّنْ

جُوْعٍ ۙ۵ وَّاٰمَنَهُمْ مِّنْ خَوْفٍ ۧ﴿۴﴾ ع ۴ ١ ٣١

(١٠٧) سُوْرَةُ الْمَاعُوْنِ مَكِّيَّةٌ (١٧)

اٰيَاتُهَا ۷ — رُكُوْعُهَا ١

بِسْمِ اللّٰهِ الرَّحْمٰنِ الرَّحِيْمِ ○

اَرَءَيْتَ الَّذِيْ يُكَذِّبُ بِالدِّيْنِ ؕ﴿۱﴾ فَذٰلِكَ الَّذِيْ يَدُعُّ

الْيَتِيْمَ ۙ﴿۲﴾ وَلَا يَحُضُّ عَلٰى طَعَامِ الْمِسْكِيْنِ ؕ﴿۳﴾ فَوَيْلٌ

لِّلْمُصَلِّيْنَ ۙ﴿۴﴾ الَّذِيْنَ هُمْ عَنْ صَلَاتِهِمْ سَاهُوْنَ ۙ﴿۵﴾

الَّذِيْنَ هُمْ يُرَآءُوْنَ ۙ﴿۶﴾ وَيَمْنَعُوْنَ الْمَاعُوْنَ ۧ﴿۷﴾ ع ۷ ١ ٣٢

ايَاتُهَا ٣ (١٠٨) سُوْرَةُ الْكَوْثَرِ مَكِّيَّةٌ (١٥) رُكُوْعُهَا ١

بِسْمِ اللّٰهِ الرَّحْمٰنِ الرَّحِيْمِ ۝

اِنَّآ اَعْطَيْنٰكَ الْكَوْثَرَ ۝١ؕ فَصَلِّ لِرَبِّكَ وَانْحَرْ ۝٢ؕ
اِنَّ شَانِئَكَ هُوَ الْاَبْتَرُ ۝٣ ع ١ ٣٣

ايَاتُهَا ٦ (١٠٩) سُوْرَةُ الْكٰفِرُوْنَ مَكِّيَّةٌ (١٨) رُكُوْعُهَا ١

بِسْمِ اللّٰهِ الرَّحْمٰنِ الرَّحِيْمِ ۝

قُلْ يٰٓاَيُّهَا الْكٰفِرُوْنَ ۝١ۙ لَآ اَعْبُدُ مَا تَعْبُدُوْنَ ۝٢ۙ وَلَآ
اَنْتُمْ عٰبِدُوْنَ مَآ اَعْبُدُ ۝٣ۚ وَلَآ اَنَا عَابِدٌ مَّا عَبَدْتُّمْ ۝٤ۙ وَلَآ
اَنْتُمْ عٰبِدُوْنَ مَآ اَعْبُدُ ۝٥ؕ لَكُمْ دِيْنُكُمْ وَلِيَ دِيْنِ ۝٦ ع ٦ ٣٤

ايَاتُهَا ٣ (١١٠) سُوْرَةُ النَّصْرِ مَدَنِيَّةٌ (١١٤) رُكُوْعُهَا ١

بِسْمِ اللّٰهِ الرَّحْمٰنِ الرَّحِيْمِ ۝

اِذَا جَآءَ نَصْرُ اللّٰهِ وَالْفَتْحُ ۝١ۙ وَرَاَيْتَ النَّاسَ
يَدْخُلُوْنَ فِيْ دِيْنِ اللّٰهِ اَفْوَاجًا ۝٢ۙ فَسَبِّحْ بِحَمْدِ

وقف النبی صلی اللہ علیہ وآلہٖ وسلم ۱۲

رَبِّكَ وَاسْتَغْفِرْهُ ؕ اِنَّهٗ كَانَ تَوَّابًا ۟﴿۳﴾ ع ۳ / ۴۵

اٰیَاتُهَا ۵ (۱۱۱) سُوْرَةُ اللَّهَبِ مَكِّيَّةٌ (۶) رُكُوْعُهَا ۱

بِسْمِ اللّٰهِ الرَّحْمٰنِ الرَّحِيْمِ

تَبَّتْ يَدَاۤ اَبِیْ لَهَبٍ وَّتَبَّ ؕ﴿۱﴾ مَاۤ اَغْنٰی عَنْهُ مَالُهٗ وَمَا
كَسَبَ ؕ﴿۲﴾ سَيَصْلٰی نَارًا ذَاتَ لَهَبٍ ۚۖ﴿۳﴾ وَّامْرَاَتُهٗ ؕ
حَمَّالَةَ الْحَطَبِ ۚ﴿۴﴾ فِیْ جِيْدِهَا حَبْلٌ مِّنْ مَّسَدٍ ۟﴿۵﴾ ع ۵ / ۴۶

اٰیَاتُهَا ۴ (۱۱۲) سُوْرَةُ الْاِخْلَاصِ مَكِّيَّةٌ (۲۲) رُكُوْعُهَا ۱

بِسْمِ اللّٰهِ الرَّحْمٰنِ الرَّحِيْمِ

قُلْ هُوَ اللّٰهُ اَحَدٌ ۚ﴿۱﴾ اَللّٰهُ الصَّمَدُ ۚ﴿۲﴾ لَمْ يَلِدْ ۙ۬ وَلَمْ
يُوْلَدْ ۙ﴿۳﴾ وَلَمْ يَكُنْ لَّهٗ كُفُوًا اَحَدٌ ۟﴿۴﴾ ع ۴ / ۴۷

اٰیَاتُهَا ۵ (۱۱۳) سُوْرَةُ الْفَلَقِ مَكِّيَّةٌ (۲۰) رُكُوْعُهَا ۱

بِسْمِ اللّٰهِ الرَّحْمٰنِ الرَّحِيْمِ

قُلْ اَعُوْذُ بِرَبِّ الْفَلَقِ ۙ﴿۱﴾ مِنْ شَرِّ مَا خَلَقَ ۙ﴿۲﴾ وَ

مِنْ شَرِّ غَاسِقٍ اِذَا وَقَبَ ۝۳ وَمِنْ شَرِّ النَّفّٰثٰتِ
فِي الْعُقَدِ ۝۴ وَمِنْ شَرِّ حَاسِدٍ اِذَا حَسَدَ ۝۵ ع ۵ ۳۸

ایاتها ۶ | (۱۱۴) سُوْرَةُ النَّاسِ مَكِّيَّةٌ (۲۱) | رکوعها ۱

بِسْمِ اللّٰهِ الرَّحْمٰنِ الرَّحِيْمِ

قُلْ اَعُوْذُ بِرَبِّ النَّاسِ ۝۱ مَلِكِ النَّاسِ ۝۲ اِلٰهِ
النَّاسِ ۝۳ مِنْ شَرِّ الْوَسْوَاسِ ۵ الْخَنَّاسِ ۝۴ الَّذِيْ
يُوَسْوِسُ فِيْ صُدُوْرِ النَّاسِ ۝۵ مِنَ الْجِنَّةِ وَالنَّاسِ ۝۶ ع ۶ ۳۹

تمّت بالخیر

كتبه اضعف الخطاطين خليق الأسدي غفر له

دعاءِ ختم القرآن

اَللّٰهُمَّ اٰنِسْ وَحْشَتِيْ فِيْ قَبْرِيْ ط اَللّٰهُمَّ ارْحَمْنِيْ
بِالْقُرْاٰنِ الْعَظِيْمِ ط وَاجْعَلْهُ لِيْ اِمَامًا وَّنُوْرًا وَّهُدًى وَّرَحْمَةً ط اَللّٰهُمَّ ذَكِّرْنِيْ
مِنْهُ مَا نَسِيْتُ ط وَعَلِّمْنِيْ مِنْهُ مَا جَهِلْتُ ط وَارْزُقْنِيْ تِلَاوَتَهٗ اٰنَاۤءَ الَّيْلِ
وَاٰنَاۤءَ النَّهَارِ ط وَاجْعَلْهُ لِيْ حُجَّةً يَّا رَبَّ الْعٰلَمِيْنَ ۝ اٰمِيْن

ترجمہ: اے اللہ میری قبر سے میری وحشت اور پریشانی کو دور فرما، خدایا قرآن عظیم کی برکت اور رحمت سے مجھے نواز دے قرآن کو میرے لئے رہنما اور پیشوا بنا اور ساتھ ہی نور اور سبب ہدایت اور رحمت بنا، الٰہی اس میں سے جو میں بھول گیا ہوں مجھے یاد دلا دے، اور اس میں سے جو میں نہیں جانتا وہ مجھ کو سکھا دے اور رات دن مجھے اسکی تلاوت نصیب فرما، اور قیامت کے روز اسکو میرے لئے دلیل بنا اے سارے عالم کے پرورش کرنے والے۔ آمین

The Holy Qur'an for Kids

Juz 'Amma

Amma for School Children - Part 30